7

Lk 1066.

DESCRIPTION
DU
GRAND AUTEL
ET DU
SANCTUAIRE
DE
NOTRE-DAME DE BONSECOURS

PAR M. GODEFROY

CURÉ DE BONSECOURS

A ROUEN
CHEZ FLEURY, LIBRAIRE

Place de l'Hôtel-de-Ville, 4

DESCRIPTION

DU

GRAND AUTEL

ET DU

SANCTUAIRE

DE

NOTRE-DAME DE BONSECOURS

PAR M. GODEFROY

CURÉ DE BONSECOURS

A ROUEN

CHEZ FLEURY, LIBRAIRE

Place de l'Hôtel-de-Ville, 4

GRAND AUTEL

DE

NOTRE-DAME DE BONSECOURS.

L'église de Bonsecours attendait depuis longtemps qu'un nouvel autel vînt mettre le complément à sa riche abside. Il fallait que cette partie, la plus précieuse de l'édifice, se trouvât au moins en harmonie avec la magnificence du Sanctuaire et le dépassât même, s'il était possible. On voulait aussi que l'Autel sur lequel s'opéreraient les plus augustes mystères répondît, par sa splendeur, à la sainteté de sa destination.

Cinq années ont été employées à ce travail, qui sort des voies ordinaires. Les artistes les plus distingués y ont déployé toutes les ressources de leur talent, et, grâce à un concours de circonstances aussi heureux que providentiel, cet Autel, qui vient d'être terminé, dépasse les espérances qu'on avait conçues et présente un ensemble de richesse que jusqu'ici rien n'égale. D'une hauteur de six mètres, il est entièrement en bronze doré, enrichi d'émaux et de pierreries. Quatre-vingt-douze figures, tant en ronde bosse qu'en bas-relief, dues au talent de l'un des plus habiles statuaires de notre époque (1), entrent dans sa composition. A lui seul, cet Autel vient d'être assuré pour deux cent mille francs.

De nombreux visiteurs sont venus souvent pour admirer ce travail dans les ateliers de Bonsecours où il a été entièrement exécuté; mais comme on ne pouvait alors leur présenter que des pièces isolées, non finies et sans rapport actuel avec l'ensemble, on a pensé faire plaisir au public, satisfaire sa juste curiosité et répondre à sa légitime impatience, en confiant à l'Exposition de Rouen ce riche morceau d'architecture, de sculpture et d'orfévrerie. Là il sera vu sous tous ses aspects, et avec beaucoup plus de facilité que lorsqu'il sera placé dans l'église; car alors on n'apercevra que l'ensemble, sans pouvoir jouir des nombreux détails qui le rendent si curieux.

Le tombeau est soutenu par une série de treize niches surmontées de dais, qui contiennent Jésus-Christ et les douze apôtres.

Le Sauveur du monde y est représenté comme docteur. Une de ses mains porte le livre de son Évangile, l'autre est élevée vers le ciel, qu'elle indique du doigt. Dans cette figure pleine de gravité et de noblesse, on sent le maître du monde qui présente aux hommes l'ensemble de la loi divine, dont la pratique seule peut les conduire au ciel.

Les apôtres sont représentés avec les instruments de leur martyre, ou avec les attributs qui servent ordinairement à les désigner.

---

(1) M. Fulconis, de Paris.

Toutes ces figures sont graves et pleines de sentiment. Les moindres détails sont exécutés avec un fini qui ne laisse rien à désirer. Les chairs sont matées ; sous la peau on sent les muscles et les veines. — Les attributs ont aussi leur genre de perfection ; le manteau du Sauveur, bordé d'une riche ciselure, présente à l'œil la délicatesse et le travail d'un tissu. La croix renversée que tient saint Pierre serait facilement prise pour du bois, si le métal dont elle est faite en avait la couleur ; car le ciseleur a rendu visibles les nœuds et les veines qu'on rencontre dans le bois ordinaire.

Les arrière-corps de l'autel sont enrichis de bas-reliefs. L'un représente le Péché, introduit dans le monde par la désobéissance de nos premiers parents. Séduite par l'esprit tentateur caché sous la figure du serpent, qui étreint encore de ses anneaux l'arbre de la science du bien et du mal, Ève vient de cueillir le fruit, objet d'une défense sévère, et le présente à Adam.

Le second bas-relief représente le serpent d'airain élevé dans le désert. Les Israélites, à leur sortie d'Égypte, furent, en punition de leurs murmures, exposés aux atteintes mortelles des serpents. Leurs cris de détresse et de repentir allèrent jusqu'au ciel. Moïse, par l'ordre de Dieu, éleva à la vue de tout le peuple un serpent d'airain, dont le seul aspect devait guérir ceux qui le regarderaient avec confiance. Trois Israélites atteints du fléau personnifient les différentes phases de la maladie. Poursuivis par les serpents qui s'enroulent autour de leurs jambes, ils paraissent en proie à de cruelles douleurs. L'un fait des efforts pour se débarrasser du reptile venimeux qui vient de l'attaquer; l'autre, épuisé par la souffrance, succombe sous le poids de son mal. Moïse, debout, montre le signe mystérieux préparé pour le soulagement du peuple ; un Israélite qui a levé les yeux vers le serpent paraît guéri.

Ces deux groupes sont d'une délicieuse composition. Le sujet du premier de ces bas-reliefs, *le Péché*, est la cause du Calvaire ; le second est la figure mystérieuse de l'efficacité des mérites du Dieu de la croix pour *la destruction du péché*. Ils accompagnent convenablement l'Autel où Jésus-Christ paraît journellement à l'état de victime, pour continuer parmi nous la grande expiation du Calvaire.

Aux six angles sont placés, sur six pilastres à double face surmontés de dais, douze anges qui portent respectueusement sur des coussins les insignes de la Passion du Sauveur : le roseau, les fouets, la couronne d'épines, les cordes, les dés, l'inscription, les pièces d'argent, le marteau, les clous, les tenailles, l'éponge et la lance.

L'Autel, couronné par une série d'ogives profondes qui encadrent six précieux reliquaires, est terminé à chaque extrémité par une élégante pyramide à jour et à double étage. Un ange qui encense à l'étage inférieur et un autre qui chante en s'accompagnant d'un instrument à l'étage supérieur garnissent ces deux pyramides.

LE TABERNACLE.

Au milieu de ces ogives s'élève un Tabernacle octogone, riche morceau de ciselure, rehaussé d'émail et de pierreries. Les trois pans de l'octogone qui font face au spectateur sont ornés chacun de trois bas-reliefs où le mystère eucharistique est représenté : 1º sous les figures, 2º dans son institution, 3º dans son application et ses conséquences par rapport aux hommes.

Sur le panneau à droite de la porte, on remarque :

1º Les Israélites recueillant la manne dans le désert, avec ces paroles écrites autour du médaillon :

Ego pluam vobis panes de cœlo;
Egrediatur populus et colligat (1).

2º L'Immolation de l'agneau pascal, avec ces paroles :

Tollat unusquisque agnum;
Erit autem sanguis vobis in signum (2).

3º Élie fortifié par le pain miraculeux qui lui est apporté par un ange et dont la vertu doit le soutenir pendant quarante jours :

Surge et comede.
Et ambulavit in fortitudine cibi illius (3).

Sur la porte du Tabernacle :

1º Bénédiction et multiplication des pains.

A la suite de ce miracle, on recueillit assez de morceaux pour en remplir sept corbeilles qu'on voit autour du Sauveur; on aperçoit aussi à ses pieds quelques petits pois-

---

(1) Je vous enverrai du ciel le pain qui vous est nécessaire; que le peuple sorte donc chaque matin pour le recueillir.

(2) Que chaque famille immole un agneau; son sang sera pour tout le peuple un signe de salut.

(3) Levez-vous et mangez. — Fortifié par cette nourriture, le prophète reprit son voyage.

sons, qui sont ciselés avec assez de finesse pour qu'on distingue les yeux, les écailles, les nageoires :

Comederunt omnes et saturati sunt;
Tulerunt septem sportas plenas (1).

2º Jésus au milieu des douze apôtres, instituant le divin Sacrement :

Hoc est corpus meum quod pro vobis datur.
Hoc facite in meam commemorationem (2).

3º Jésus, guérissant l'incrédulité de saint Thomas en lui faisant toucher la plaie de son côté sacré, lui adresse un doux reproche et donne à tous les hommes, en la personne de cet apôtre, une salutaire leçon :

Quia vidisti me, Thoma, credidisti.
Beati qui non viderunt et crediderunt (3).

Sur le panneau à gauche de la porte :

1º Les Pèlerins d'Emmaüs reconnaissant Jésus-Christ à la fraction du pain :

Accepit panem et benedixit;
Cognoverunt eum in fractione panis (4).

---

(1) Tous mangèrent et furent rassasiés ; on enleva sept corbeilles pleines de morceaux.

(2) Ceci est mon corps qui sera livré pour vous. Faites ceci en mémoire de moi.

(3) Vous avez cru, Thomas, parce que vous avez vu. Heureux ceux qui, pour croire, n'auront pas besoin du témoignage de leurs yeux.

(4) Le Sauveur prit du pain et le bénit ; les disciples le reconnurent au moment où il le rompit.

2° La Communion de sainte Marie d'Égypte.

Après quarante ans d'une austère pénitence, la pauvre pécheresse a le bonheur de recevoir la divine Communion des mains de l'abbé Zosime. C'est à la fois le gage de son pardon et le sacré viatique qui doit la conduire à une vie meilleure :

> *Eduxit eam in solitudinem*
> *Et cibavit pane vitæ* (1).

3° Sainte Claire porte la sainte Eucharistie à l'entrée de son monastère, au moment où les Sarrasins l'assiégeaient pour le mettre au pillage.

Dans cette extrémité où la sainte supplie le Seigneur pour le salut de sa communauté, une douce parole sortie du sacré ciboire lui apprend que sa prière est exaucée, et, dans le même moment, les infidèles subitement effrayés prennent la fuite :

> *Nolite timere, pusillus grex :*
> *Ego vos semper custodiam* (2).

Au-dessus du Tabernacle on remarque des anges qui portent les symboles de la sainte Eucharistie. L'un tient une gerbe de blé, l'autre un cep de vigne chargé de raisin, le troisième un calice, le quatrième un ciboire.

LE RETABLE.

Quatorze anges, qui sont placés entre les pignons du

---

(1) Il la conduisit dans la solitude et la nourrit du pain de la vie.

(2) Ne craignez pas, petit troupeau : je veillerai toujours à votre garde.

Retable, à droite et à gauche du Tabernacle, portent une banderole sur laquelle on lit une parole qui a trait à l'adorable Sacrement.

Du côté du ciboire figurant le sacré corps, la première inscription rappelle au monde étonné le mystère ineffable où Dieu porte l'amour jusqu'à se faire la nourriture de l'homme ; on lit sur la banderole de l'ange ces mots :

Panis quem ego dabo caro mea est (1).

La deuxième est une tendre invitation au banquet sacré. — Qui eût jamais osé prétendre à une telle union, si Jésus-Christ n'y eût convié les hommes :

Venite, comedite (2).

La troisième est une magnifique promesse que Dieu seul peut réaliser. — Quelque merveilleuse que fût la manne du désert, elle ne produisait que des effets temporels ; l'Eucharistie, au contraire, dépose dans l'âme qu'elle nourrit un précieux germe de vie pour l'éternité :

Si quis manducaverit vivet (3).

La quatrième est un avertissement à tout chrétien d'une préparation convenable. — Ne serait-ce pas quelque chose de monstrueux que la sainteté se trouvât forcément unie au péché, la charité à la haine, la vérité au mensonge, la pureté à la luxure, la miséricorde à la vengeance ? Non, il ne doit pas en être ainsi ; il faut qu'il

---

(1) Le pain que je donnerai, c'est ma propre chair.
(2) Venez donc, et mangez.
(3) Celui qui s'en nourrira aura la vie.

existe une sainte harmonie entre l'âme qui reçoit et le Dieu qui se donne :

Probet autem seipsum homo (1).

La cinquième indique le triomphe de la grâce. — Instruit de la grandeur du mystère et de la sainteté qu'il réclame, le chrétien qui s'est rendu docile à toutes les impressions du divin Esprit répond alors avec autant d'humilité que de confiance :

Paratum cor meum, Deus (2).

La sixième est un aveu de son bonheur. — A peine a-t-il ouvert son cœur au divin Sacrement, qu'il goûte les douceurs de son union avec Dieu et qu'il ne peut résister au besoin de les faire connaître :

Bonum est nos hic esse (3).

La septième est une résolution. — Il avait cherché le repos parmi les créatures, sans l'y rencontrer jamais ; maintenant qu'il l'a trouvé, il ne veut plus s'en séparer ni pour le temps, ni pour l'éternité :

Hæc requies mea in sæculum sæculi (4).

Du côté du calice figurant le précieux sang, la première inscription rappelle l'effusion continuelle du sang

---

(1) Que l'homme s'éprouve et apporte à ce mystère une sérieuse préparation.
(2) Mon cœur est prêt, Seigneur, mon cœur est prêt.
(3) Oh! qu'il fait bon ici! que nous sommes heureux d'y être!
(4) Ce sera le lieu de mon repos pour l'éternité.

adorable de l'Agneau réduit à l'état de victime et sans cesse sous le couteau du sacrifice :

Agnus semper occisus (1).

La deuxième montre le sang divin comme le sceau sacré et la condition expresse du traité de paix passé non-seulement entre le ciel et la terre, mais encore entre les hommes eux-mêmes :

Pacificans omnia per sanguinem ejus (2).

La troisième atteste sa vertu. — Il parle plus éloquemment que celui d'Abel ; au lieu de demander justice, il appelle la miséricorde avec une puissance telle, que Dieu lui-même ne peut lui résister :

Melius loquentem quàm Abel (3).

La quatrième est un appel de Dieu à ses enfants. — Il y a tout à gagner pour eux à approcher leurs lèvres de cette coupe sacrée dans laquelle ils trouveront le moyen de satisfaire leurs désirs, de calmer la soif qui les dévore :

Si quis sitit veniat (4).

La cinquième est une assurance de résurrection. — Dieu ne se contente pas de remédier à nos maux, d'apaiser toutes nos fièvres dans le sang de son adorable Fils ; il promet encore à celui qui le reçoit, de l'appeler à une

---

(1) Agneau toujours immolé.
(2) Il pacifie tout par l'effusion de son sang adorable.
(3) Sa voix est plus éloquente que celle d'Abel.
(4) Que celui qui a soif vienne se désaltérer.

vie nouvelle, quand il aura payé le tribut à la mort :

Resuscitabo eum in novissimo die (1).

La sixième proclame le bonheur de ceux qui, en se purifiant dans ce bain sacré, y trouvent encore le moyen infaillible de retremper leur âme :

Beati qui lavant stolas suas in sanguine Agni (2).

La septième apprend à ces justes régénérés la gloire qui les attend au sortir de ce monde; leurs corps ressuscités et devenus glorieux brilleront comme des astres nouveaux dans les splendeurs éternelles :

Fulgebunt justi quasi scintillæ in perpetuas æternitates (3).

Ces textes, coordonnés les uns aux autres de manière à présenter l'ensemble d'une instruction sur le divin mystère, ont l'avantage d'ouvrir le cœur à des sentiments chrétiens, tandis que les yeux admirent les beautés artistiques.

Au-dessus du Tabernacle, s'élève une exposition pyramidale à jour, à trois étages, et octogone comme le Tabernacle qui lui sert de base. Le premier étage est destiné à la croix ou à l'ostensoir; le second étage laisse apercevoir entre ses ogives huit anges, qui jouent des instruments, qui louent et bénissent le Seigneur, *in psalterio*

---

(1) Je le ressusciterai au dernier des jours.

(2) Heureux ceux qui peuvent se purifier dans le sang de l'Agneau.

(3) Les justes brilleront avec la vivacité de la flamme dans l'incommensurable éternité.

et cithará, in chordis et organo. Le troisième étage abrite un ange qui embouche la trompette comme pour annoncer à l'univers entier les merveilles eucharistiques.

Chaque étage est orné de volutes élégantes d'où sortent, d'espace en espace, des fleurs dont le calice est destiné à recevoir les nombreuses bougies qu'on allume dans les jours d'exposition.

Le magnifique Tabernacle est un don de Mgr Blanquart de Bailleul, ancien archevêque de Rouen. Le pieux prélat a composé et fait graver sur la face postérieure ce gracieux distique :

Ædiculam in terris lætus tibi, Christe, paravi.
Æternam in cœlis da mihi, Christe, domum (1).

LE SANCTUAIRE.

Après avoir décrit l'Autel, il n'est pas hors de propos de parler du Sanctuaire au milieu duquel il doit être placé. Les sujets religieux qui entrent dans la décoration de l'un et de l'autre ayant ensemble un enchaînement qui les fait concourir au développement de la même pensée, il était convenable de les réunir dans la description.

Le Sanctuaire, à cinq pans, élevé de trois marches au-

---

(1) C'est dans la joie de mon âme, Seigneur Jésus, que je vous ai préparé cette petite demeure sur la terre. — Daignez, ô mon Dieu, m'en donner une moins fragile dans la céleste éternité.

dessus du chœur, est orné, dans la partie comprise entre le pavage et la naissance des grandes fenêtres, de quinze ogives ménagées en partie dans l'épaisseur du mur, et surexhaussées d'un pignon. Chaque ogive abrite un personnage en ronde bosse ; une pensée religieuse a présidé au choix de ces personnages et à leur disposition. On a voulu que cette riche décoration fût à la fois un grand enseignement.

Le Sanctuaire est le lieu qu'occupe l'Autel sur lequel se renouvelle, chaque jour, l'adorable sacrifice de la croix. Voilà la pensée mère autour de laquelle sont venues se grouper toutes les autres. Il convenait que le tout se rapportât à cette grande scène dont les conséquences salutaires ont changé la face du monde; figurée de loin en loin dans la loi ancienne, elle s'est réalisée sur le Calvaire, elle se perpétue journellement sur l'Autel : trois époques qui comprennent toute l'économie du salut et qu'on a cherché à rappeler dans le lieu continuellement témoin de la dernière de ces merveilles.

§ 1. — Parmi les figures destinées à préparer les hommes au sacrifice du Calvaire, on a choisi les plus saisissantes ; ainsi, du côté de l'Épître, on remarque :

1º Abel, qui offrit le premier sacrifice sous la loi de nature. La figure de ce jeune sacrificateur est aussi candide que son âme est innocente et pure. Il tient entre ses mains la matière de son sacrifice ; c'est un tendre agneau, symbole de l'Agneau sans tache qui devait être conduit à la mort sans pousser un cri, sans laisser échapper un murmure, et dont le sang réparateur était destiné à purifier toutes les souillures. *Sicut ovis ad occisionem ducetur, et coram tondente se obmutescet* (1).

Sous les pieds de chaque personnage, on lit en lettres d'or quelques paroles de la sainte Écriture qui le caractérisent et qui indiquent sa fonction. Ainsi, pour Abel :

Abel obtulit de primogenitis gregis sui (2).

2° Noé, qui offrit le premier sacrifice après le déluge, est le symbole de l'alliance que Dieu faisait avec les hommes, figure elle-même d'une alliance plus solennelle cimentée sur le Calvaire. A la suite de ce premier sacrifice, l'arc-en-ciel paraissant dans les nuées devait rappeler au Seigneur ses miséricordes et prévenir les effets de son courroux ; figure nouvelle de ce monument élevé entre le ciel et la terre, formé par les bras étendus du Sauveur en croix, monument qu'on peut appeler à juste titre l'arc sanglant où triomphe l'amour de Dieu pour les hommes, et qui est mille fois plus efficace que le premier pour détourner de la terre les vengeances du ciel. Le patriarche est représenté portant l'arche, surmontée de la colombe, qui tient à son bec un rameau d'olivier.

Sous ses pieds, on lit :

Noe obtulit holocausta super altare (3).

3° Melchisédech, prêtre et roi, qui offrit le pain et le

---

(1) Il sera conduit à la mort comme un agneau, et il restera sans voix devant celui qui lui enlèvera sa toison.

(2) Abel choisissait parmi les premiers-nés de son troupeau, pour les offrir au Seigneur.

(3) Noé dressa un autel et offrit un holocauste au Seigneur.

vin, symboles de la sainte Eucharistie, figure le sacerdoce royal de Jésus-Christ. Il tient en ses mains une coupe et des pains ; une couronne orne sa tête. Ce personnage paraît mystérieux comme son origine :

Melchisedech proferens panem et vinum (1).

4° Abraham, qui n'hésita pas à faire de son fils Isaac la victime du sacrifice que lui demandait le Seigneur en témoignage de sa foi et de son obéissance, et où nous voyons une image si frappante de l'adorable sacrifice du Calvaire, dans lequel le Père éternel, suivant le langage de l'apôtre, a tant aimé le monde, qu'il nous a donné son Fils unique pour l'expiation de nos fautes (2).

Le patriarche tient le couteau du sacrifice ; à ses pieds, on voit un bélier destiné à remplacer Isaac sur le bûcher. Sa tête, embarrassée dans un buisson, montre combien l'artiste a été consciencieux dans la reproduction du récit sacré.

On lit au bas :

Abraham arripuit gladium ut immolaret filium suum (3).

5° Aaron, premier sacrificateur sous la loi ancienne. Il est revêtu de riches habits sacerdotaux ; il tient l'encensoir d'or où devaient brûler des parfums exquis quand il entrait dans le Saint des saints. Sur sa poitrine brille

---

(1) Melchisédech offrait le pain et le vin.
(2) *Sic Deus dilexit mundum, ut Filium suum unigenitum daret.*
(3) Abraham saisit le glaive pour immoler son fils.

le rational, où sont enchâssées douze pierres précieuses figurant les douze tribus.

Inscription au-dessous :

Applica Aaron ut sacerdotio fungatur mihi (1).

6º Deux prêtres de la loi ancienne, penchés sur la mer d'airain soutenue par douze bœufs, se purifient pour se préparer au sacrifice. L'un lave ses mains, l'autre ses pieds ; un ange au visage modeste, élevé au-dessus de ces deux sacrificateurs, porte une banderole sur laquelle on lit ces paroles : *Mundamini qui fertis vasa Domini* (2).

Inscription au-dessous :

Facies labrum œneum ad lavandum. Lavabunt in eo Aaron et filii ejus manus suas et pedes (3).

7º Moïse, consécrateur d'Aaron et auteur inspiré pour le détail des sacrifices. D'une main il tient les tables de la loi ; de l'autre, il indique du doigt quelle est la volonté du Seigneur. Sa tête, grave et pleine de majesté comme il convient au législateur des Juifs, est couverte d'un voile destiné à dérober aux yeux de la multitude les rayons de lumière qui jaillissaient de son front, après ses entretiens avec Dieu dans le tabernacle.

Inscription au-dessous :

Hæc sunt quæ jussit Dominus fieri (4).

---

(1) Consacrez Aaron, pour qu'il exerce devant moi les fonctions du sacerdoce.

(2) Soyez purs, vous qui portez les vases du Seigneur.

(3) Vous ferez un bassin d'airain pour les purifications. Aaron et ses fils s'y laveront les pieds et les mains.

(4) Voici ce que le Seigneur a commandé.

§ II. — Du côté de l'Évangile qui figure la loi nouvelle, on est vivement saisi par la représentation de la mort de Jésus-Christ sur le Calvaire. Les prophètes avaient annoncé son avénement, les patriarches avaient figuré son sacrifice. Ici les figures cessent, pour laisser l'âme en contemplation devant cet imposant spectacle du Fils de Dieu prêt à rendre le dernier soupir. La souffrance est peinte sur ses traits ; ses yeux amoureusement élevés vers le ciel expriment tout ce qui se passe dans ce cœur qui va bientôt cesser de battre. Par un suprême effort de charité pour les hommes, il entr'ouvre une dernière fois ses lèvres défaillantes pour exhaler cette admirable prière qui est comme le résumé de sa divine mission sur la terre : Mon Père, pardonnez-leur ! *Pater, ignosce illis.*

La très-sainte Vierge, debout au pied de la croix, paraît en proie à d'ineffables douleurs, qui ne peuvent être égalées que par son héroïque résignation. Si une larme arrachée à la sensibilité maternelle vient mouiller sa paupière, son attitude néanmoins conserve tout le calme d'une âme supérieure aux angoisses de la nature. C'est une reine affligée, mais qui n'a rien perdu de sa dignité. — De l'autre côté de la croix, on voit le disciple bien-aimé. L'apôtre de la dilection était sur le Calvaire, quand Jésus expira. Ce fut là qu'il reçut, avec les derniers ordres de son maître, ses derniers bienfaits. A ce moment solennel, c'est en sa faveur que le Christ mourant fit son testament. Il aura désormais, ainsi que les hommes qu'il représente, la très-sainte Vierge pour mère : *Ecce mater tua.* Saint Jean, la tristesse peinte sur le visage, incline la tête et joint les mains en signe d'acquiescement à la volonté divine.

Sous les pieds de Marie on lit :

Dicit mater suæ : Mulier, ecce filius tuus (1).

Sous ceux de saint Jean :

Dicit discipulo : Ecce mater tua (2).

Sainte Madeleine et saint François d'Assise avoisinent cette scène imposante. Ces célèbres pénitents, devenus les insignes amants de la croix, devaient trouver leur place auprès du Calvaire. Leur aspect est différent, parce que leur pénitence n'a pas eu le même principe.

Madeleine, que le monde avait séduite, mais que la charité de Jésus-Christ avait reconquise, pleure sur ses égarements; les larmes coulent sur son visage; ses longs cheveux, dont elle avait fait une coupable parure, flottent négligés sur ses épaules. Auprès d'elle on remarque le vase de parfums qu'elle répandit sur les pieds du Sauveur, en les arrosant des larmes de son repentir.

On lit au-dessous :

Lacrymis cœpit rigare pedes ejus, et capillis tergebat (3).

Saint François d'Assise, qui mena une vie si humble, si pauvre, si pénitente, pour s'associer aux abaissements, à la pauvreté et aux expiations de l'Homme-Dieu, qui

---

(1) Il dit à sa mère : Femme, voici votre fils.

(2) Il dit au disciple : Voici votre mère.

(3) Elle commença à arroser de ses larmes les pieds du Sauveur, puis elle les essuyait avec ses cheveux.

n'avait d'autre devise que ces paroles : *Toujours souffrir*, porte à ses pieds et à ses mains les sacrés stigmates de la Passion qui avaient été imprimés sur sa chair pendant sa vie. Il presse une croix sur sa poitrine ; ses regards élevés vers le ciel, dans l'attitude d'un homme en contemplation, disent assez que ce pauvre volontaire, qui a renoncé à tout ici-bas, a placé son unique trésor dans les cieux.

Au-dessous on lit :

Christo confixus sum cruci (1).

En regardant ces figures, on sent qu'il a fallu beaucoup de tact pour saisir les différents caractères, et un incontestable talent pour les exprimer avec tant de justesse. La scène seule du Calvaire fait le plus grand honneur à l'artiste chargé de ce travail (2). Là tout est douleur ; mais dans ces quatre figures du Christ, de la Vierge, de saint Jean et de Madeleine, on distingue un différent genre de douleur. Il faut rester quelque temps devant cette page si sérieuse, pour se pénétrer de sa beauté.

Ainsi le Christ souffre en son corps, mais son âme sainte anime ses yeux d'une ineffable douceur ; on voit qu'il tire de son cœur les paroles de pardon qu'il va léguer à la terre. — Marie est abîmée dans un océan de douleurs, mais elle demeure calme et résignée. — Saint

---

(1) L'amour pour Jésus-Christ me tient attaché à la croix.

(2) M. Fulconis, de Paris, employé pendant quatre ans à la statuaire intérieure de l'église de Bonsecours, le même qui a fait les précieuses figures du grand Autel.

Jean, tout en perdant le divin maître qui a daigné l'appeler son ami, proteste encore de son amour. — Madeleine verse des larmes, ce sont celles d'une véritable pénitence qui durera jusqu'à la mort.

Viennent ensuite les quatre grands docteurs de l'Église latine. Ils sont là comme les témoins de la foi de l'Église à l'adorable Eucharistie.

1º Saint Ambroise, archevêque de Milan, si zélé pour le maintien de la discipline de l'Église, tient d'une main la crosse, symbole de la dignité pastorale, et de l'autre il bénit. Il précède saint Augustin, qu'il avait enfanté à la grâce, en le régénérant dans les eaux sacrées du baptême.

2º Saint Augustin, cette brillante lumière de l'Église d'Afrique. Cet évêque, si docte dans ses écrits, tient d'une main le livre de la *Cité de Dieu*, et de l'autre le bâton pastoral.

3º Saint Jérôme, appelé assez improprement le Père des Cardinaux. On ne peut trouver la raison de ce titre que dans les fonctions qu'il remplissait auprès du pape Damase, dont il partageait les travaux. On a suivi l'usage archéologique en le revêtant de la pourpre romaine. Ce savant interprète des divines Écritures tient dans l'une de ses mains un livre ouvert, dans l'autre une plume. Un lion est à ses pieds ; sa figure est grave comme son caractère.

4º Saint Grégoire le Grand, pape, qui, malgré une santé devenue débile par suite de ses austérités, se livrait néanmoins à de continuels travaux, est représenté avec un visage amaigri. D'une main il tient la croix papale, de l'autre une plume.

Au pied de ces docteurs, dont les vêtements ressemblent à des étoffes de soie brochées d'or, on lit un texte de leurs écrits sur le mystère eucharistique.

Saint Ambroise : *Qui manducat hoc corpus fiet ei remissio peccatorum.* (Celui qui mange ce corps recevra la rémission de ses fautes.)

Saint Augustin : *Quandò manducatur, vita manducatur.* (Quand on communie, c'est l'auteur de la vie qui devient notre nourriture, c'est une vie nouvelle qui nous est donnée.)

Saint Jérôme : *In Christi commemoratione mirabiliter fit.* (C'est en mémoire de Jésus-Christ que cette merveille s'opère.)

Saint Grégoire : *Magnum et pavendum est hoc mysterium!* (Que ce mystère est grand et redoutable!

La place de ces docteurs était marquée dans le lieu même où s'offre chaque jour le sacrifice nouveau, dont ils ont si éloquemment parlé, et qui n'est que la continuation de celui du Calvaire. C'est là, en effet, que le Fils de Dieu, réduit à l'état de victime, daigne habiter au milieu de nous sous les voiles du Sacrement. — Ainsi tout se lie, tout s'enchaîne dans cette pensée qui a présidé à la décoration du Sanctuaire et de l'Autel.

ROUEN. IMP. MÉGARD ET C.e, GRAND'RUE, 156.

www.ingramcontent.com/pod-product-compliance
Lightning Source LLC
Chambersburg PA
CBHW070451080426
42451CB00025B/2709